Criteria for the Evaluation of Dramatizations of the Passion

**Bishops' Committee for Ecumenical
and Interreligious Affairs
National Conference of Catholic Bishops**

On March 22, 1988, the NCCB Administrative Committee received from Archbishop J. Francis Stafford of Denver, Chairman of the Bishops' Committee for Ecumenical and Interreligious Affairs (BCEIA), the text of the document *Criteria for the Evaluation of Dramatizations of the Passion* and approved its issuance as a statement of the BCEIA. The document was prepared by the BCEIA's Secretariat for Catholic-Jewish Relations, the Episcopal Moderator of which is Bishop William Keeler of Harrisburg. *Criteria* has been authorized for publication by the undersigned.

Monsignor Daniel F. Hoye
General Secretary
April 19, 1988   NCCB/USCC

ISBN 1-55586-211-X

Contents

Preliminary Considerations

On June 24, 1985, the Vatican Commission for Religious Relations with the Jews issued *Notes on the Correct Way to Present the Jews and Judaism in Preaching and Catechesis of the Roman Catholic Church* (USCC Office of Publishing and Promotion Services, 1985). That document, like its predecessor, *Guidelines and Suggestions for Implementing the Conciliar Declaration "Nostra Aetate" (n. 4)* (December 1, 1974), drew its inspiration from the Second Vatican Council and was intended to be an offering on the part of the Holy See to Catholics on how the Conciliar mandate can properly be fulfilled "in our time."

The present document, in its turn, seeks to specify the catechetical principles established in the *Notes* with reference to depictions and presentations of the events surrounding the passion and death of Jesus, including but not limited to dramatic, staged presentations of Jesus' death most popularly known as "passion plays." The principles here invoked are applicable as the *Guidelines* suggest (ch. III) to "all levels of Christian instruction and education," whether written (textbooks, teachers' manuals, etc.) or oral (preaching, the mass media).

Specifically, the present document aims to provide practical applications regarding such presentations as they flow from the more general principles of the *Guidelines* and of sections III and IV of the *Notes* concerning the "Jewish Roots of Christianity" and the portrayal of "Jews in the New Testament." These principles (sec. A, below) lead to both negative and positive criteria (sec. B) for the evaluation of the many ways in which the Christian community throughout the world seeks, with commendable and pious intent, to remind itself of the universal significance and eternal spiritual challenge of the Savior's death and resurrection. A final section (C) acknowledges the many difficulties facing those attempting to dramatize the gospel narratives. It is hoped that this section will be helpful in providing perspectives on the many complex questions that can arise.

It has been noted by scholars that dramatizations of the passion were among the very last of the forms of "miracle" or "morality" plays to be developed in the Middle Ages. This hesitancy on the part of our ancestors in the faith can today only be regarded as most seemly, for the Church's primary reflection on the meaning of Jesus' death and resurrection takes place during Holy Week, as the high point of the liturgical cycle, and touches upon the most sacred and central mysteries of the faith.

It is all the more important, then, that extraliturgical depictions of the sacred mysteries conform to the highest possible standards of biblical interpretation and theological sensitivity. What is true of Catholic teaching in general is even more crucial with regard to depictions of Jesus' passion. In the words of Pope John Paul II as cited at the beginning of the *Notes*: "We should aim, in this field, that Catholic teaching at its different levels ... presents Jews and Judaism, not only in an honest and objective manner, free from prejudices and without any offenses, but also with full awareness of the heritage common [to Jews and Christians]."

A. The Mystery of the Passion

1. The overall aim of any depiction of the passion should be the unambiguous presentation of the doctrinal understanding of the event in the light of faith, that is, of the Church's traditional interpretation of the meaning of Christ's death for all humanity. *Nostra Aetate* states this central gospel truth quite clearly: "Christ in his boundless love freely underwent his passion and death because of the sins of all, so that all might attain salvation" (cf. *Notes* IV, 30).

Therefore, any presentations that explicitly or implicitly seek to shift responsibility from human sin onto this or that historical group, such as the Jews, can only be said to obscure a core gospel truth. It has rightly been said that "correctly viewed, the disappearance of the charge of collective guilt of Jews pertains as much to the purity of the Catholic faith as it does to the defense of Judaism" (*Statement* of the National Conference of Catholic Bishops, November 20, 1975).

2. The question of *theological* responsibility for Jesus' death is a long settled one. From the theological perspective, the *Catechism* of the Council of Trent (cited in the *Notes* IV, 30) articulated without hesitancy what should be the major dramatic or moral focus of any dramatization of the event for Christians--a profound self-examination of our own guilt, through sin, for Jesus' death:

> In this guilt are involved all those who fall frequently into sin; for, as our sins consigned Christ the Lord to the death of the cross, most certainly those who wallow in sin and iniquity crucify to themselves again the Son of God. . . . This guilt seems more enormous in us than

in the Jews since, if they had known it, they would never have crucified the Lord of glory; while we, on the contrary, professing to know him, yet denying him by our actions, seem in some sort to lay violent hands on him (*Catechism* of the Council of Trent).

3. The central creeds of the Church focus precisely on this theological message, without reference to the extremely complex historical question of reconstructing what various individuals might have done or not done. Only Pilate is mentioned, as the person with sole legal responsibility for the case: "He was also crucified for us, suffered under Pontius Pilate and was buried" (Nicene Creed). This fact gives a certain hermeneutical guidance for the use of various materials from the gospel passion narratives in a dramatic context (cf. sec. C, below).

4. In the development and evaluation of passion performances, then, the central criterion for judgment must be what the *Guidelines* called "an overriding preoccupation to bring out explicitly the *meaning* of the [gospel] text while taking scriptural studies into account" (II, emphasis added). Anything less than this "overriding preoccupation" to avoid caricaturing the Jewish people, which history has all too frequently shown us, will result almost inevitably in a violation of the basic hermeneutical principle of the Council in this regard: "the Jews should not be presented as rejected or accursed by God as if this followed from Sacred Scripture" (*Nostra Aetate*).

5. The 1985 *Notes* also provide a model for the positive understanding of the relationship between the Church and the Jewish people that should form a key element of the vision underlying presentations of the passion. As the *Notes* state:

"The question is not merely to uproot from among the faithful the remains of anti-Semitism still to be found here and there, but much rather to arouse in them, through educational work, an exact knowledge of the wholly unique 'bond' (*Nostra Aetate*, 4) which joins us as a Church to the Jews and to Judaism" (I, 8; cf. II, 10-11).

B. Avoiding Caricatures and False Oppositions

1. Any depiction of the death of Jesus will, to a greater or lesser extent, mix theological perspectives with historical reconstructions of the event based with greater or lesser fidelity on the four gospel accounts and what is known from extrabiblical records.

The nature of such mixtures leaves the widest possible latitude for artistic creativity and insight, but also for abuses and prejudices. What the *Notes* state in their conclusion regarding Christian-Jewish relations generally is equally, and perhaps especially, true of the history of the development of passion plays in their various forms: "There is evident, in particular, a painful ignorance of the history and traditions of Judaism, of which only negative aspects and often caricature seem to form part of the stock ideas of many Christians."

2. Judaism in the first century, especially, incorporated an extraordinarily rich and diverse set of groups and movements. Some sought a certain accommodation with Hellenic/Roman culture in the Diaspora and in the Land of Israel. Others vigorously opposed any cultural compromise, fearing ultimate religious assimilation. Some argued for armed rebellion against Rome (Zealots), others for peaceful but firm resistance to cultural

oppression (some Pharisees) and a few, such as the Temple priesthood and its party (Sadducees) acted in the eyes of the people as collaborators with Rome.

Emotions and hopes (both practical and spiritual) ran high, and rhetoric often higher. Thus, along the lines of great issues of the day, and reacting to the pressure of Roman occupation, there moved a variety of groups, each with its own wide range of internal diversity: Sadducees, Zealots, apocalypticists, Pharisees (of varying dispositions, especially the two major schools of Hillel and Shammai), Herodians, Hellenists, scribes, sages, and miracle workers of all sorts. Scripture was understood variously: literally, mystically, allegorically, and through mediating principles of interpretation.

Jesus and his teachings can only be understood within this fluctuating mixture of Jewish trends and movements. In point of fact, various groups and leaders of Jesus' time (perhaps especially certain Pharisees) would have espoused many of Jesus' ideas, such as the nearness of the kingdom of God, resurrection of the body, opposition to the policies of the Temple, and so forth. The gospels reflect only some of this diversity. Succeeding generations of Christians, perhaps misconstruing the theological thrust of St. John's use of the term *Ioudaioi* ("the Jews" or "Judeans"), tended to flatten it into a monolithic, usually negative stereotype. Thus, caricature came to form the basis of the pejorative "stock ideas" rejected so forcefully by the *Notes*. Presentations of the passion, on the contrary, should strive to present the diversity of Jewish communities in Jesus' time, enabling viewers to understand that many of Jesus' major concerns (e.g., critique of Temple policies) would have been shared by other Jews of his time.

3. Many of these negative "stock ideas," unfortunately, can become vividly alive in passion dramatizations. It is all too easy in dramatic presentations to resort to artificial oppositions in order to heighten interest or provide sharp contrasts between the characters. Some of these erroneous oppositions, which are to be carefully avoided, are the following:

a) Jesus must not be depicted as opposed to the Law (Torah). In fact, as the *Notes* describe in greater detail, "there is no doubt that he wished to submit himself to the law (Gal 4:4)... extolled respect for it (Mt 5:17-20), and invited obedience to it (Mt 8:4) (cf. *Notes* III, 21, 22). Jesus should be portrayed clearly as a pious, observant Jew of his time (*Notes* III, 20 and 28).

b) The Old Testament and the Jewish tradition founded on it must not be set against the New Testament in such a way that the former seems to constitute a religion of only justice, fear, and legalism with no appeal to the love of God and neighbor (Dt 6:5; Lv 19:18; Mt 22:34-40; cf. *Guidelines* III).

c) Jesus and the disciples must not be set dramatically in opposition to his people, the Jews. This is to misread, for example, the technical terminology employed by John's gospel (*Guidelines* II). It also ignores those parts of the gospel that show the Jewish populace well disposed toward Jesus. In his life and teaching, "Jesus was and always remained a Jew" (*Notes* III, 20), as, indeed, did the apostles (*Notes* III, 22).

d) Jews should not be portrayed as avaricious (e.g., in Temple money-changer scenes); blood thirsty (e.g., in certain depictions of Jesus' appearances before the Temple priesthood or before Pilate); or implacable enemies of Christ (e.g., by changing the small "crowd" at the governor's palace into a teeming mob). Such depictions, with their obvious "collective guilt" implications, eliminate those parts of the gospels that show that the secrecy surrounding Jesus' "trial" was motivated by the large following he had in Jerusalem and that the Jewish populace, far from wishing his death, would have opposed it had they known and, in fact, mourned his death by Roman execution (cf. Lk 23:27).

e) Any crowd or questioning scene, therefore, should reflect the fact that some in the crowd and among the Jewish leaders (e.g., Nicodemus, Joseph) supported Jesus and that the rest were manipulated by his opponents, as is made clear in the gospels (cf. *Nostra Aetate*, n. 4, "Jewish authorities"; *Notes* IV, 30).

f) Jesus and his teachings should not be portrayed as opposed to or by "the Pharisees" as a group (*Notes* III, 24). Jesus shared important Pharisaic doctrines (*Notes* III, 25) that set them apart from other Jewish groups of the time, such as the Sadducees. The Pharisees, in fact, are not mentioned in accounts of the passion except once in Luke, where Pharisees attempt to warn him of a plot against him by the followers of Herod (Lk 13:31). So, too, did a respected Pharisee, Gamaliel, speak out in a later time before the Sanhedrin to save the lives of the apostles (Acts 5). The Pharisees, therefore, should not be depicted as party to the proceedings against Jesus (*Notes* III, 24-27).

g) In sum, Judaism and Jewish society in the time of Christ and the apostles were complex realities, embracing many different trends, many spiritual, religious, social, and cultural values (*Guidelines* III). Presentations of the passion should strive to reflect this spiritual vitality, avoiding any implication that Jesus' death was a result of religious antagonism between a stereotyped "Judaism" and Christian doctrine. Many of the controversies (or "antitheses") between Jesus and his fellow Jews, as recorded in the gospels, we know today in fact reflect conflicts that took place long after the time of Christ between the early Christian communities and various Jewish communities (*Notes* IV, 29 A). To generalize from such specific and often later conflicts to an either/or opposition between Jesus and Judaism is to anachronize and, more basically, to vitiate the spirit and intent of the gospel texts (*Notes* III, 28; IV, 29 F).

h) In the light of the above criteria, it will also be useful to undertake a careful examination of the staging and costuming aspects of particular productions where this may apply. To give just one example, it is possible to project subtly yet powerfully any or all of the above "oppositions" by costuming: arraying Jesus' enemies in dark, sinister costuming and makeup, with Jesus and his friends in lighter tones. This can be effective on the stage. But it can also be disastrous if the effect is to isolate Jesus and the apostles from "the Jews," as if all were not part of the same people. It is important to portray Jesus and his followers clearly as Jews among Jews, both in dress and in actions such as prayer.

i) Similarly, the use of religious symbols requires careful evaluation. Displays of the menorah, tablets of the law, and other Jewish symbols should appear throughout the play and be connected with Jesus and his friends no less than with the Temple or with those opposed to Jesus. The presence of Roman soldiers should likewise be shown on the stage throughout the play, to represent the oppressive and pervasive nature of the Roman occupation.

C. Difficulties and Sensitivities in Historical Reconstruction Based on the Four Gospel Accounts

The mixture of theological, historical, and artistic aspects mentioned above (B 1) gives rise to many difficulties in constructing an adequate presentation of the passion narratives (Mt 26-28; Mk 14-15; Lk 22-23; Jn 18-19). Below are some examples of the difficult choices facing those who would seek to do so with faithfulness to the gospels. In each, an attempt will be made to apply to the question principles adduced in sections A and B, above, in the hope that such discussion will be of help to those charged with evaluations of the wide range of possible depictions existing today.

1. The Question of Selectivity

a) Those constructing a single narrative from the versions of the events in the four gospels are immediately aware that the texts differ in many details. To take just two examples, the famous phrase, "His Blood be upon us and on our children," exists only in the Matthean text (Mt 27:24-25), while the question of whether or not there was a full Sanhedrin trial is given widely differing interpretations in each of the gospel narratives. John, for example, has no Sanhedrin trial scene as such, but only a questioning before the two chief priests at dawn (18:19). Also in John, it is a Roman cohort, merely accompanied by Temple guards, that arrests Jesus (Jn 18:3,12). How is one to choose between the differing versions?

b) First, it must be understood that the gospel authors did not intend to write "history" in our modern sense, but rather "sacred history" (i.e., offering "the honest truth about Jesus") (*Notes* IV, 29 A) in the light of revelation. To attempt to utilize the four passion narratives literally by picking one passage from one gospel and the next from another gospel, and so forth, is to risk violating the integrity of the texts themselves, just as, for example, it violates the sense of Genesis 1 to reduce the magnificence of its vision of the Creation to a scientific theorem.

c) A clear and precise hermeneutic and a guiding artistic vision sensitive to historical fact and to the best biblical scholarship are obviously necessary. Just as obviously, it is not sufficient for the producers of passion dramatizations to

11

respond to responsible criticism simply by appealing to the notion that "it's in the Bible." One must account for one's selections.

In the above instances, for example, one could take from John's gospel the phrase "the Jews" and mix it with Matthew 27:24-25, clearly implying a "blood guilt" on all Jews of all times in violation of *Nostra Aetate's* dictum that "what happened in his passion cannot be blamed on all the Jews then living without distinction nor upon the Jews of today." Hence, if the Matthean phrase is to be used (not here recommended), great care would have to be taken throughout the presentation to ensure that such an interpretation does not prevail. Likewise, the historical and biblical questions surrounding the notion that there was a formal Sanhedrin trial argue for extreme caution and, perhaps, even abandoning the device. As a dramatic tool, it can too often lead to misunderstanding.

d) The greatest caution is advised in all cases where "it is a question of passages that seem to show the Jewish people as such in an unfavorable light" (*Guidelines* II). A general principle might, therefore, be suggested that if one cannot show beyond reasonable doubt that the particular gospel element selected or paraphrased will not be offensive or have the potential for negative influence on the audience for whom the presentation is intended, that element cannot, in good conscience, be used. This, admittedly, will be a difficult principle to apply. Yet, given what has been said above, it would seem to be a necessary one.

2. Historical Knowledge and Biblical Scholarship

a) Often, what we have come to know from biblical scholarship or historical studies will place in doubt a more literalist reading of the biblical text. Here again, the hermeneutical principles of *Nostra Aetate,* the *Guidelines,* and the *Notes* should be of "overriding" concern. One such question suggests itself by way of example. This is the portrait of Pontius Pilate (cf. sec. A 3, above). It raises a very real problem of methodology in historical reconstruction of the events of Jesus' last days.

b) *The Role of Pilate.* Certain of the gospels, especially the two latest ones, Matthew and John, seem on the surface to portray Pilate as a vacillating administrator who himself found "no fault" with Jesus and sought, though in a weak way, to free him. Other data from the gospels and secular sources contemporary with the events portray Pilate as a ruthless tyrant. We know from these latter sources that Pilate ordered crucified hundreds of Jews without proper trial under Roman law, and that in the year 36 Pilate was recalled to Rome to give an account. Luke, similarly, mentions "the Galileans whose blood Pilate mingled with their sacrifices" in the Temple (Lk 13:1-4), thus corroborating the contemporary secular accounts of the unusual cruelty of Pilate's administration. John, as mentioned above, is at pains to show that Jesus' arrest and trial were essentially at Roman hands. Finally, the gospels agree that Jesus' "crime," in Roman eyes, was that of political sedition--crucifixion being the Roman form of punishment for such charges. The threat to Roman rule is implicit in the charge: "King of the Jews," nailed to the cross at Pilate's order (Mt 27:37; Mk 15:26; Lk 23:38; Jn 19:19). Matthew 27:38 and Mark 15:27 identify the "criminals" crucified with Jesus on that day as "insurgents."

There is, then, room for more than one dramatic style of portraying the character of Pilate while still being faithful to the biblical record. Again, it is suggested here that the hermeneutical insight of *Nostra Aetate* and the use of the best available biblical scholarship cannot be ignored in the creative process and provide the most prudent and secure criterion for contemporary dramatic reconstructions.

Conclusion

The *Notes* emphasize that because the Church and the Jewish people are "linked together at the very level of their identity," an accurate, sensitive, and positive appreciation of Jews and Judaism "should not occupy an occasional or marginal place in Christian teaching, but be considered "essential" to Christian proclamation (I, 2; cf. I, 8).

This principle is nowhere more true than in depictions of the central events of the Paschal mystery. It is a principle that gives renewed urgency to the evaluation of all contemporary dramatizations of the passion and a renewed norm for undertaking that delicate and vital task.

Criterios para la Evaluación de las Representaciones de la Pasión

Comité de los Obispos para Asuntos
Ecuménicos e Interreligiosos
Conferencia Nacional de Obispos Católicos

Traducción y tipografía del texto
en español: Marina Herrera, Ph.D.
Washington, D.C.

Contenido

Consideraciones Preliminares

El 24 de junio de 1985 la Comisión del Vaticano para las Relaciones Religiosas con los Judíos publicó *Las Notas sobre la Presentación de los Judíos y el Judaísmo en la Predicación y la Catequesis de la Iglesia Católica Romana* (USCC Office of Publishing and Promotion Services, 1985). Ese documento, al igual que el anterior titulado *Pautas y Sugerencias para Implementar la Declaración Conciliar "Nostra Aetate" (n. 4)* (1ro de diciembre de 1974), fueron inspirados por el Segundo Concilio Vaticano con el propósito de ofrecer a los católicos, por parte de la Santa Sede, ideas de como cumplir apropiadamente "en nuestro tiempo" con el mandato Conciliar.

El presente documento, a su vez, trata de especificar los principios catequéticos establecidos en las *Notas* con referencia a las descripciones o presentaciones de los eventos que rodean la pasión y muerte de Jesús, incluyendo pero no limitándose, a las presentaciones dramáticas escenificadas de la muerte de Jesús conocidas popularmente como "representaciones de la pasión." Los principios que se invocan aquí tienen aplicación, como lo sugieren las *Pautas* (cap. III), a "todos los aspectos de la instrucción y la educación cristiana," ya sea escrita (textos, manuales para maestros, etc.) u oral (predicación, y los medios de comunicación).

Este documento trata específicamente de proporcionar recomendaciones prácticas en cuanto a estas presentaciones se refiere y está basado en los principios generales de las *Pautas* y en las secciones III y IV de las *Notas* concernientes a las raíces judías del cristianismo y a la presentación de los "judíos en el Nuevo Testamento." Estos principios (sec. A, abajo) conducen a criterios positivos y negativos (sec. B) para la evaluación de las muchas formas en que la comunidad cristiana por todo el mundo trata, con intenciones piadosas y comendables, de recordar el significado universal y el eterno reto espiritual de la muerte y resurrección del

Salvador. La sección final (C) reconoce las muchas dificultades que encuentran los que tratan de dramatizar las narraciones del Evangelio. Se espera que esta sección sea útil en dar perspectiva a las muchas complejas cuestiones que se presentan.

Los eruditos en esta materia dicen que las dramatizaciones de la pasión están entre las últimas formas del teatro litúrgico que se creó en la Edad Media. Esta indecisión de parte de nuestros antepasados en la fe se puede ver hoy como apropiada ya que la reflexión primaria de la Iglesia sobre el significado de la muerte y resurrección de Jesús tiene lugar durante la Semana Santa, es el punto culminante del ciclo litúrgico y toca los misterios más sagrados y centrales de la fe.

Por eso es muy importante que las representaciones de los sagrados misterios fuera de la liturgia se hagan conforme a los criterios más altos de interpretación bíblica y sensitividad teológica. Lo que es válido para la enseñanza católica en general es aún más crucial en cuanto se refiere a la representación de la pasión de Jesús. En las palabras del Papa Juan Pablo II citadas al principio de las *Notas*: "Debemos tratar, en este campo, de que la enseñanza católica en todos sus ámbitos...presente a los judíos y al judaísmo, no sólo de manera honesta y objetiva, libre de prejuicios y sin ninguna ofensa, sino también con la total conciencia del patrimonio común [a judíos y cristianos]."

A. El Misterio de la Pasión

1. El fin principal de toda representación de la pasión debe ser una presentación clara de la razón doctrinal del evento a la luz de la fe, esto es, de la interpretación tradicional del significado de la muerte de Cristo para toda la humanidad. *Nostra Aetate* expresa esta verdad central del Evangelio muy claramente: "Cristo, movido por su inmensa

caridad abrazó su pasión y muerte por los pecados de todos y para que todos alcancen la salvación" (cf. *Notas* IV, 30).

Por lo tanto, toda presentación que de manera explícita o implícita busca quitar la responsabilidad del pecado humano y la adjudica a un grupo histórico, tal como los judíos, sólo puede decirse que oscurece una verdad central del Evangelio. Se ha dicho con razón que "visto correctamente, la desaparición de la acusación de una culpa colectiva de los judíos le concierne tanto a la pureza de la fe católica como a la defensa del judaísmo" (*Statement* de la National Conference of Catholic Bishops, 20 de noviembre de 1975).

2. La cuestión de la responsabilidad *teológica* de la muerte de Jesús fue resuelta hace mucho tiempo. Desde una perspectiva teológica, el *Catecismo* del Concilio de Trento (citado en las *Notas* IV, 30) expresó sin ninguna duda lo que debe constituir el principal foco dramático o moral de cualquier dramatización del evento para los cristianos--un auto-examen profundo de nuestra propia culpa en la muerte de Jesús a causa del pecado:

> En esta culpa están incluidos todos aquellos que pecan frecuentemente; porque al igual que nuestros pecados condenaron a Cristo Señor a la muerte en la cruz, de seguro aquellos empantanados en el pecado y la iniquidad crucifican de nuevo al Hijo de Dios....Esta culpa parece más grande en nosotros que en los judíos, porque si ellos lo hubieran sabido, no habrían crucificado al Señor de la gloria; mientras que nosotros, por el contrario, profesamos conocerle, pero negándole con nuestras acciones, parece como si le hiciéramos violencia con nuestras manos (Catecismo del Concilio de Trento).

3. Los credos centrales de la Iglesia enfocan precisamente este mensaje teológico sin referirse a la extremadamente compleja cuestión histórica de reconstruir lo que varios individuos puedan haber hecho o no. Sólo se menciona a Pilato como la persona con la responsabilidad legal

única en el caso: "Fue crucificado en tiempos de Poncio Pilato: padeció y fue sepultado" (Credo de Nicea). Este hecho nos ofrece guías hermenéuticas para el uso de varios materiales de las narraciones bíblicas de la pasión en un contexto dramático (cf. sec. C, abajo).

4. En el desarrollo y evaluación de las representaciones de la pasión, el criterio central para juzgarlas tiene que ser lo que las *Pautas* llamaron "una preocupación constante de presentar explícitamente el *significado* del [*Evangelio*] texto mientras que se consideran también los estudios bíblicos" (II, énfasis añadido). Todo lo que no tenga esta "preocupación constante" por evitar una caricatura del pueblo judío, lo que ha sucedido con demasiada frecuencia en la historia, resultara inevitablemente en la violación de un principio hermenéutico basico del Concilio en este punto: "no se ha de señalar a los judíos como réprobos de Dios o malditos, como si esto se dedujera de las Sagradas Escrituras" (*Nostra Aetate*).

5. Las *Notas* de 1985 también proporcionan un ejemplo para la comprensión positiva de la relación entre la Iglesia y el pueblo judío que debera constituir un elemento clave de la visión que rige las presentaciones de la pasión. Las *Notas* dicen: "El asunto no es meramente desenraizar de entre los fieles lo que queda de anti-semitismo que todavía hay aquí y allí, sino mas bien despertar en ellos, por medio de la educación, un conocimiento exacto del 'vínculo' íntimo (*Nostra Aetate*, 4) que nos une como Iglesia a los judíos y al judaísmo" (I, 8; cf. II, 10-11).

B. Evitando Caricaturas y Falsas Oposiciones

1. Cualquier presentación de la muerte de Jesús, en menor o mayor grado, combina perspectivas teológicas con reconstrucciones históricas del evento basadas con menor o mayor fidelidad en los recuentos de los cuatro Evangelios y

de lo que se conoce por medio de los textos fuera de la Biblia.

La naturaleza de esas combinaciones deja la mayor latitud posible para la creatividad artística y la transmisión de ideas, pero también para los abusos y prejuicios. Lo que las *Notas* expresan en las conclusiones sobre las relaciones cristianas-judías generalmente es igualmente, y tal vez especialmente cierto, de la historia del desarrollo de las representaciones de la pasión en sus varias formas : "Es evidente, en particular, que hay una ignorancia de la historia y las tradiciones del judaísmo, y de esas sólo los aspectos negativos y caricaturas forman parte del cúmulo de ideas de muchos cristianos."

2. El judaísmo en el primer siglo, especialmente, incorporó una serie extraordinariamente rica y variada de grupos y movimientos. Algunos buscaron ciertos acomodos con la cultura helénica/romana en la diáspora y en la tierra de Israel. Otros se opusieron vigorosamente a todo cambio cultural, por el temor de terminar en una asimilación religiosa. Algunos favorecían la rebelión armada contra Roma (los zelotes), otros la resistencia firme pero pacífica a la opresión cultural (algunos fariseos) y unos pocos, tales como los sacerdotes del Templo y su partido (los saduceos) actuaban, al parecer de la gente, como colaboradores con Roma.

Las emociones y esperanzas (prácticas y espirituales) eran grandes y la retórica aún más. Así, siguiendo las líneas de los asuntos más importantes del día y en reacción a las presiones de la ocupación romana, una variedad de grupos se movían, cada uno con su propio campo amplio de diversidad interna: saduceos, zelotes, apocalípticos, fariseos (de varias posiciones, especialmente las dos escuelas mayores de Hilel y Shamai), herodianos, helenistas, escribas, sabios y magos de todas clases. Las Escrituras se interpretaban de muchas formas: literalmente, místicamente, alegóricamente y por medio de principios para su interpretación.

Jesús y sus enseñanzas sólo se pueden entender dentro de esta mezcla cambiante de movimientos y tendencias judías. De hecho, varios grupos y líderes del tiempo de Jesús (especialmente ciertos fariseos) habrían aceptado muchas de las ideas de Jesús, tales como la proximidad del Reino de Dios, la resurrección del cuerpo, oposición a la política del Templo y otras. Los Evangelios reflejan sólo algo de esta diversidad. Futuras generaciones de cristianos, tal vez interpretando mal el sentido teológico que San Juan dió al término *Ioudaioi* ("los judíos" o "los de Judea") han tendido a convertirlo en algo monolítico y generalmente en un estereotipo negativo. Así, la caricatura se convirtió en la base del "cúmulo de ideas" que tan energéticamente fueron rechazadas en las *Notas*. Representaciones de la pasión, al contrario, deben tratar de incluir la diversidad de comunidades judías en tiempo de Jesús, para que los espectadores puedan entender que las preocupaciones de Jesús (por ejemplo, su crítica a la política del Templo) eran compartidas por otros judíos de su tiempo.

3. Mucho del "cúmulo de ideas" negativas desafortunadamente, se presenta con gran vividez en las dramatizaciones de la pasión. Es muy fácil en presentaciones dramáticas recurrir a oposiciones artificiales para así resaltar interés o proporcionar un contraste agudo entre los personajes. Algunas de esas oposiciones erróneas que deben evitarse con gran cuidado son las siguientes:

a) Jesús no debe ser presentado como opuesto a la Ley (la Tora). De hecho, como las *Notas* describen en gran detalle, "no hay duda que él quiso someterse a la ley (Gal 4:4)...exaltó el respeto a ella (Mt 5:17-20), e invitó obediencia a ella (Mt 8:4) (cf. *Notas* III, 21, 22). Jesús debe ser presentado claramente como un judío de su tiempo, piadoso y observador de la Ley (*Notas* III, 20 y 28).

b) El Antiguo Testamento y la tradición judía que se funda en él no deben presentarse en oposición al Nuevo Testamento de tal manera que el Antiguo Testamento se vea sólo como una religión de justicia, temor y legalismo sin llamar al amor de Dios y del prójimo (Dt 6:5; Lv 19:18; Mt 22:34-40; cf. *Pautas* III).

c) Jesús y los discípulos no pueden ser presentados en dramática oposición al pueblo judío. Eso sería una mala interpretación por ejemplo, de la terminología técnica que Juan usó en su Evangelio (*Pautas* II). También sería ignorar aquellas partes del Evangelio que muestran que el pueblo judío tenía una actitud positiva hacia Jesús. En su vida y enseñanza, "Jesús fue judío y se conservó como tal" (*Notas* III, 20), como también fueron los apóstoles (*Notas* III, 22).

d) Los judíos no deben presentarse como avaros (p.e., en las escenas de los cambiadores del Templo); sedientos de sangre (en ciertas presentaciones de la presencia de Jesús ante los sacerdotes del Templo o Pilato); ni como enemigos implacables de Cristo (p.e., convirtiendo la pequeña "multitud" en el palacio del Gobernador en una abundante muchedumbre). Tales presentaciones, con sus implicaciones obvias de "culpa colectiva", eliminan aquellas partes de los Evangelios que muestran que el secreto que rodeó "la causa" de Jesús estuvo motivado por el gran número de seguidores que él tenía en Jerusalén y porque el pueblo judío, más que querer su muerte se hubiera opuesto si lo hubiera sabido, y de hecho, lamentó su muerte por ejecución romana (cf. Lc 23:27).

e) Cualquier escena de multitud o de indagación debe, por lo tanto, reflejar el hecho de que algunos en la multitud y entre los líderes judíos (p.e., Nicodemo, José) apoyaban a Jesús y que el resto fueron manipulados por sus opositores, como se ve claramente en los Evangelios (cf. *Nostra Aetate*, n. 4, "autoridades judías"; (*Notas* IV, 30).

f) Jesús y sus enseñanzas no deben presentarse como opuestas a, o por "los fariseos," como grupo (*Notas* III, 24). Jesús compartía doctrinas fariseas importantes (*Notas* III, 25) que lo separaban de otros grupos judíos de su tiempo, tales como los saduceos. Los fariseos, de hecho, no se mencionan en los recuentos de la pasión excepto una vez en Lucas, donde los fariseos tratan de advertirle sobre una trama en su contra de parte de los seguidores de Herodes (Lc 13:31). Lo mismo hizo un fariseo respetado, Gamaliel, que habló más tarde ante el Sanedrín para salvar las vidas de los apóstoles (Hechos 5). Los fariseos, por lo tanto, no deben ser presentados como partidarios de los eventos en contra de Jesús (*Notas* III, 24-27).

g) En resumen, el judaísmo y la sociedad judía del tiempo de Cristo y de los apóstoles eran realidades complejas, que abarcaban muchas tendencias diferentes, muchos valores espirituales, religiosos, sociales y culturales (*Pautas* III). Las presentaciones de la Pasión deben buscar reflejar esta vitalidad espiritual, y evitar todo lo que implique que la muerte de Jesús fue el resultado del antagonismo religoso entre un judaísmo estereotipado y la doctrina cristiana. Muchas de las controversias (o antítesis) entre Jesús y sus compatriotas judíos, que se recuentan en los Evangelios, sabemos hoy que reflejan conflictos que tuvieron lugar después del tiempo de Cristo entre las primeras comunidades cristianas y varias comunidades judías (*Notas* IV, 29 A). Generalizar partiendo de conflictos específicos que frecuentemente ocurrieron más tarde para llegar a una oposición total entre Jesús y el judaísmo es un anacronismo o, básicamente, es viciar el espíritu y la intención de los textos del Evangelio (*Notas* III, 28; 29 F).

h) En vista a estos criterios, sería útil iniciar un examen cuidadoso de los vestuarios y escenas de producciones particulares donde estos tienen aplicación. Por ejemplo, es posible proyectar sutilmente, pero con mucha fuerza, todas o cualquiera de las "oposiciones" mencionadas arriba por medio de los vestuarios: vistiendo a los enemigos de Jesús en vestidos y maquillaje oscuros y siniestros y a Jesús y a sus amigos en tonos claros. Esto es muy efectivo en el escenario. Pero también puede ser desastroso si el efecto es separar a Jesús y a los após-toles de "los judíos" como si no fuesen parte del mismo pueblo. Es importante presentar a Jesús y a sus segui-dores claramente como judíos entre otros judíos, tanto en el vestir como en las oraciones y acciones.

i) De igual manera, el uso de símbolos religiosos requiere evaluación cuidadosa. Despliegues de la Menorá, las Tablas de la Ley, y otros símbolos judíos deben aparecer en las escenificaciones y verse entrelazados con Jesús y sus amigos no menos que con el Templo y con los que se oponían a Jesús. La presencia de soldados romanos debe también aparecer en el escenario en toda la velada, para representar la naturaleza opresora y penetrante de la ocupación romana.

C. Dificultades y Sensibilidades en la Reconstrucción Histórica Basada en los Recuentos de los Cuatro Evangelios

La combinación de aspectos teológicos, históricos y artísticos mencionados más arriba (B 1) ocasionan muchas dificultades en construir una presentación adecuada de la narración de la pasión (Mt 26-28; Mc 14-15; Lc 22-23;

Jn 18-19). Más abajo hay ejemplos de las difíciles opciones que confrontan aquellos que tratan de hacerlo con fidelidad a los Evangelios. En cada uno se ha tratado de aplicar a la cuestión los principios aducidos en las secciones A y B más arriba, con la esperanza de que tal consideración ayude a los que están encargados de evaluar la extensa gama de posibles representaciones que existen hoy día.

1. *El Asunto de Selectividad*

a) Los que construyen una sola narración basada en las versiones de los eventos en los cuatro Evangelios están conscientes de que los textos difieren en muchos detalles. Para sólo mencionar dos ejemplos, la famosa frase, "¡Que su sangre caiga sobre nosotros y sobre nuestros descendientes!" sólo existe en la versión de Mateo (27:24-25), mientras que el asunto de si hubo o no una causa ante los jueces del Sanedrín en pleno se interpreta de diferentes maneras en cada uno de los recuentos bíblicos. Juan, por ejemplo, no tiene una escena de causa como tal, sino un interrogatorio al amanecer ante dos líderes de entre los sacerdotes (18:19). También en Juan es una tropa romana, simplemente acompañada por la policía del Templo, la que arresta a Jesús (Jn 18:3,12). ¿Cómo debe uno escoger entre las diferentes versiones?

b) Primero, debe ser entendido que los autores del Evangelio no pretendían escribir una "historia" en el sentido moderno de la palabra, sino más bien una "historia sagrada" (i.e., ofrecer la "verdad completa sobre Jesús") (*Notas* IV, 29 A) a la luz de la revelación. Tratar de utilizar las cuatro narraciones de la pasión de manera literal escogiendo un pasaje de un Evangelio y otro de otro Evangelio es correr el riesgo de violar la integridad de los textos mismos, como lo es, por ejemplo, violar el sentido de Génesis 1 reduciendo la magnífica visión de la Creación a un teorema científico.

c) Una hermenéutica clara y precisa es obviamente necesaria para guiar la visión artística con conciencia de los hechos históricos y de la mejor investigación bíblica. Igualmente obvio, no es suficiente para los que producen dramatizaciones responder a las críticas responsables simplemente diciendo que "está en la Biblia." Hay que dar cuenta de las selecciones que se hacen.

En los ejemplos arriba mencionados, uno puede tomar del Evangelio de Juan la frase "los judíos" y mezclarla con Mateo 27:24-25, y claramente implicar que la "sangre cae" sobre todos los judíos de todos los tiempos en violación de la declaración *Nostra Aetate* que dice que "lo que en su pasión se hizo no puede ser atribuído, ni indistintamente a todos los judíos que vivían entonces, ni a los judíos de hoy." Por lo tanto, si la frase de Mateo se usa (lo cual no se recomienda aquí), hay que tener mucho cuidado de que esa interpretación no aparezca en el curso de la presentación. Igualmente, las cuestiones históricas y bíblicas que rodean la noción de que hubo una causa formal ante el Sanedrín llaman a una gran cautela y tal vez hasta que se abandone su uso. Con frecuencia, este artificio dramático puede conducir a malos entendidos.

d) La mayor cautela se aconseja en todos los casos donde "es un asunto de pasajes que parecen mostrar al pueblo judío bajo una luz desfavorable" (*Pautas* II). Se podría, por lo tanto, sugerir un principio general: si no se puede mostrar sin dudas razonables que un elemento específico del Evangelio que se ha seleccionado o parafraseado no será ofensivo ni tiene el potencial para ejercer una influencia negativa en la audiencia a que va dirigida la representación, ese elemento no puede usarse con buena conciencia. Se admite que eso es un principio difícil de aplicar. Pero dado lo que se ha dicho más arriba, parecer ser un principio necesario.

2. Conocimiento Histórico e Investigaciones Bíblicas

a) A veces, lo que sabemos basados en las investigaciones bíblicas o en los estudios históricos pone en duda una lectura literal del texto bíblico. Aquí también, los principios interpretativos de *Nostra Aetate*, las *Pautas* y las *Notas* deben ser la preocupación principal. Una de esas cuestiones presenta un buen ejemplo. Esta es la persona de Poncio Pilato (cf. sec. A 3, más arriba). Aquí se presenta un problema real de metodología en la reconstrucción de los eventos de los últimos días de Jesús.

b) *El Papel de Pilato*. Algunos de los Evangelios, especialmente los dos últimos, el de Mateo y Juan, a primera instancia parecen presentar a Pilato como un administrador vacilante que no encontró personalmente "ninguna culpa" en Jesús y buscó, de manera indecisa, como liberarlo. Otros datos de los Evangelios y fuentes contemporáneas a los eventos presentan a Pilato como un tirano sin escrúpulos. Sabemos basados en esas fuentes posteriores que Pilato ordenó la crucifixión de cientos de judíos sin la debida causa de acuerdo a la ley romana y que en el año 36 Pilato fue llamado a Roma para dar cuentas. Lucas, también menciona a "los galileos cuya sangre Pilato mezcló con sus sacrificios" en el Templo (Lc 13:1-4), y corroborando con los recuentos seculares contemporáneos de la crueldad insólita de la administración de Pilato. Juan, como se mencionó más arriba, se toma el trabajo de mostrar que la aprensión de Jesús y la causa estuvieron esencialmente en manos de los romanos. Finalmente, las Evangelios concuerdan en que "el crimen" de Jesús a los ojos de los romanos, fue subversión política y la crucifixión era la forma romana de castigar esta acusación. El peligro a la dominación romana está implícito en la acusación "Rey de los Judíos," que Pilato ordenó se clavara al pié de la cruz (Mt 27:37; Mc 15:26; Lc 23:38; Jn 19:19. Mateo 27:38 y Marcos 15:27 identifican a "los criminales" que crucificaron ese día con Jesús como a "insurgentes."

Por consiguiente, hay lugar para más de un estilo dramatico de presentar la persona de Pilato y todavía ser fiel al recuento bíblico. Se sugiere otra vez que el principio interpretativo de *Nostra Aetate* y el uso de las mejores investigaciones bíblicas disponibles no pueden ignorarse en el proceso creativo proporcionando los criterios más prudentes y seguros para las reconstrucciones dramáticas contemporáneas.

Conclusión

Las *Notas* enfatizan que a causa de que la Iglesia y el pueblo judío estan "vinculados en su misma identidad," el aprecio exacto, sensible y positivo de los judíos y del judaísmo "no debe ocupar un lugar marginal en la enseñanza cristiana, sino que hay que considerarlo como "esencial" a la proclamación cristiana (I, 2; cf. I, 8).No hay otro sitio donde este principio es tan verdadero como en las representaciones de los eventos centrales del misterio Pascual. Es un principio que renueva la urgencia de evaluar las dramatizaciones contemporáneas de la pasión y una norma renovada para asumir una tarea tan delicada y vital.